www.ingramcontent.com/pod-product-compliance
Lightning Source LLC
LaVergne TN
LVHW010437070526
838199LV00066B/6062
9789358724790

فارسی سیکھیے

مرتبہ:

اعجاز عبید

© Taemeer Publications LLC
Farsi Seekhiye
by: Aijaz Ubaid
Edition: August '2024
Publisher :
Taemeer Publications LLC (Michigan, USA / Hyderabad, India)

ISBN 978-93-5872-479-0

مرتب یا ناشر کی پیشگی اجازت کے بغیر اس کتاب کا کوئی بھی حصہ کسی بھی شکل میں بشمول ویب سائٹ پر اَپ لوڈنگ کے لیے استعمال نہ کیا جائے۔ نیز اس کتاب پر کسی بھی قسم کے تنازع کو نمٹانے کا اختیار صرف حیدرآباد (تلنگانہ) کی عدلیہ کو ہو گا۔

© تعمیر پبلی کیشنز

کتاب	:	فارسی سیکھیے
جمع و ترتیب / تدوین	:	اعجاز عبید
صنف	:	لسانیات
ناشر	:	تعمیر پبلی کیشنز (حیدرآباد، انڈیا)
سالِ اشاعت	:	۲۰۲۴ء
صفحات	:	۵۰
سرورق ڈیزائن	:	تعمیر ویب ڈیزائن

فہرست

درس اول: پہلا سبق	6
درس دوم: دوسرا سبق	8
درس سوّم: تیسرا سبق	9
چوتھا سبق: درس چہارم	12
پانچواں سبق: درس پنجم	16
چھٹا سبق: درس ششم	20
ساتواں سبق: درس ہفتم	24
آٹھواں سبق: درس ہشتم	28
نواں سبق: درس نہم	32
دسواں سبق: درس دہم	35
گیارھواں سبق: درس یازدہم	38
بارھواں سبق: درس دوازدہم	41
تیرھواں سبق: درس سیزدہم	45

درس اول: پہلا سبق

فارسی کے حروف تہجی الفبای فارسی

فارسی حروف تہجی میں اردو کے بر خلاف "ٹ، ڈ، ڑ" کو نہ تو لکھا جاتا ہے اور نہ ہی ان کا تلفظ کیا جاتا ہے۔ پس "ٹ" کے لئے "ت"، "ڈ" کے لئے "د" اور "ڑ" کے لئے "ر" لکھا اور بولا جاتا ہے۔ اسی طرح انگریزی کے حرف T اور D کے لئے بالترتیب "ت" اور "د" کی آواز نکلتی ہے۔

فارسی الفبا (الف با) میں یا فارسی حروف تہجی میں اردو کے مرکب حروف کی بھی کوئی جگہ نہیں ہے اور اردو کے حرف "ہ" اور "ھ" دونوں کا استعمال بطور یکساں کیا جاتا ہے پس بھ، پھ، تھ، جھ، چھ، کھ، گھ، دھ اور ڈھ کے لئے فارسی بول چال میں کوئی متبادل حروف موجود نہیں ہے۔

ایک اور اہم بات یہ کہ فارسی الفبا میں اردو کی بڑی "ے" کو چھوٹی "ی" کی طرح ہی تلفظ کیا جاتا ہے اسی طرح اردو کی چھوٹی "ہ" کسی لفظ یا نام کے آخر میں آ جائے تو اسے بڑی "ے" کی طرح تلفظ کرتے ہیں۔ چھوٹی "ہ" کو فارسی میں ہائے

غیر ملفوظ کہا جاتا ہے یعنی جسے تلفظ نہ کیا جاتا ہو۔ یعنی چھوٹی " ہ " بڑی " ے " میں تبدیل کر دی جاتی ہے جیسا کہ عرض کیا گیا فارسی الفبا میں " ء " ہمزہ کو " ی " میں تبدیل کر دیا گیا ہے۔

اور اب فارسی کے کچھ الفاظ اور ان کے معنی اس وضاحت کے ساتھ کہ " فارسی بول چال " میں تذکیر و تانیث یا مذکر اور مؤنث کے لئے تمام ضمائر اور فعل ایک ہی طرح سے لکھے اور بولے جاتے ہیں:

آمد   آیا/ آئی

رفت   گیا/ گئی

گفت   کہا

من   میں

شما   تم / آپ (یہ لفظ ملکیت کو بھی ظاہر کرتا ہے۔ تمہارا، تمہاری، تمہارے)

بود   تھا/ تھی

اگلے درس میں انہی الفاظ کی مدد سے کچھ مختصر جملے بنانا سکھائیں گے تاہم بہتر ہو گا کہ آج کے اس پہلے سبق کو اچھی طرح سے ذہن نشین کر لیں۔ خدا نگہدار

٭٭٭

درس دوم: دوسرا سبق

گذشتہ درس پر ایک نظر ڈالیے اور ذیل میں دیئے گئے جملوں پر غور کیجئے!

امام آمد   امام آئے، امام آگئے

شاہ رفت   شاہ گیا، شاہ چلا گیا

او گفت   اس نے کہا

من نوشتم   میں نے لکھا

شما پرسیدی   تم / آپ نے پوچھا

او بود   وہ تھا / تھی

آج کے سبق میں شامل کچھ نئے الفاظ اور ان کے معنی!

او وہ، اس کا / اس کی / اس کے لئے

پرسیدی   تم نے پوچھا

نوشتم   میں نے لکھا

آئندہ درس میں مصدر کی تعریف بیان کی جائے گی اور مصدر سے فعل ماضی بنانے کا طریقہ آپ کو سکھایا جائے گا۔ خدا نگہدار

***

درس سوّم: تیسرا سبق

آج کے درس میں ہم مصدر اور فعل کے بارے میں آپ کو بتائیں گے لیکن اس سے پہلے یاد آوری کرا دیں کہ فارسی میں حروف تہجی کو الفبا (الف با) کہتے ہیں اور گرائمر کے لئے دستور زبان کا لفظ استعمال ہوتا ہے۔ فارسی الفبا سے آشنائی اور ان کی ادائیگی کے طریقے سے آپ کو واقف کرا چکے ہیں۔ آپ جانتے ہی ہیں کہ کسی زبان کو سیکھنے کے لئے پہلے مرحلے میں حروف کی پہچان کرائی جاتی ہے۔ اس کے بعد لفظوں سے آشنا کراتے ہیں اور تیسرے مرحلے میں افعال کے بارے میں گفتگو ہوتی ہے۔ دو مرحلے آپ طے کر چکے ہیں اب تیسرے مرحلے میں فعل پر گفتگو کر رہے ہیں عموماً زمان کے لحاظ سے فعل کی کئی قسمیں بیان کی جاتی ہیں۔ ماضی حال اور مستقبل ان کی آگے جا کر مزید تقسیم ہوتی ہے۔ جیسے ماضی قریب، ماضی بعید وغیرہ افعال کی اس تقسیم کے بعد اب ہم آپ کو مصدر کے بارے میں بتا رہے ہیں۔ کسی بھی کلام کی بنیاد اور اساس مصدر پر ہوتی ہے فارسی میں مصدر کو دو طریقوں سے پہچانا جاتا ہے۔ دن اور تن جیسے:

آمدن   آنا

رفتن   جانا

خوردن   کھانا

گفتن   کہنا

اردو میں مصدر کی شناخت "نا" سے ہوتی ہے۔ جیسے کھانا، پینا، سونا، جاگنا، رونا اور مصدر کی مدد سے ہی باقی جملے بنائے جاتے ہیں۔

اور مصدر سے فعل ماضی بنانے کا طریقہ:

آمدن کے آخر سے "ن" کو حذف کر دیں

آمد   آیا

رفتن کے آخر سے "ن" کو حذف کر دیں

رفت   گیا   آمدن سے آمد   یعنی آیا

رفتن سے رفت   یعنی گیا

آمدن سے فعل ماضی کے پیش نظر ایک جملہ بنائیے۔

مثال: امام آمد

یعنی   امام آگئے

رفتن فعل ماضی کے پیش نظر سے ایک جملہ بنائیے

مثال: شاہ رفت

یعنی شاہ چلا گیا

مذکورہ بالا دونوں جملے فعل ماضی کے تناظر میں بنائیے گئے آپ مزید جملے بنا کر تمرین کیجئے۔ خدا نگھدار

***

چوتھا سبق: درس چہارم

آپ کو یاد ہو گا کہ گزشتہ درس میں ہم نے آپ کو مصدر کی شناخت کرائی تھی اور پھر فعل ماضی بنانے کا طریقہ آپ کو بتایا تھا چنانچہ آج ہم آپ کو ضمیر کے بارے میں بتائیں گے۔ سامعین فارسی میں ضمیر کے لئے جو الفاظ وضع کئے گئے ہیں آپ کو ان سے واقف کرانے سے پہلے اس بات کی ہم یاد دہانی کرا دیں کہ یہاں جو کچھ بیان کیا جارہا ہے اس کو آپ اچھی طرح سے ذہن نشین کرنے کے لئے لکھئے اور ان کی تکرار کیجئے۔ فارسی میں ضمیر کے لئے جو الفاظ وضع کئے گئے ہیں وہ بالترتیب یہ ہیں:

من	میں
تو تم / تو	
او	وہ
ما ہم	
شما	تم جمع کے لئے
ایشان	احتراما" بولا جاتا ہے مفرد کے لئے اور جمع کے لئے بھی

استعمال ہوتا ہے۔

این یہ

آن وہ

اینھا یہ لوگ جمع کے لئے

آنھا وہ لوگ، یہ بھی جمع کے لئے بولا جاتا ہے

اردو کے بر خلاف فارسی ضمائر کی خصوصیت یہ ہے کہ یہ ہر جگہ ایک ہی طرح سے استعمال ہوتے ہیں یعنی جملے کے ساخت ان پر اثر انداز نہیں ہوتی اس کی وضاحت انشاء اللہ ہم آگے چل کر کریں گے اور اب آیئے ضمیر متکلم اور مصدر کی مدد سے کچھ جملے بناتے ہیں۔

من نوشیدم میں نے پیا

من رفتم میں گیا

یہاں وضاحت کر دوں کہ "من" کی ضمیر مذکر اور مؤنث دونوں کے لئے یکساں ہے یعنی من رفتم، میں گیا یا میں گئی۔

من خوردم میں نے کھایا

من گفتم میں نے کہا

ضمیر متکلم یہاں ضمیر فاعلی واقع ہوئی ہے لہذا مصدر کے آخر میں لفظ "نون" کو ہٹا کر "میم" لگایا گیا ہے جو ضمیر متکلم کا جانشین کہلاتا ہے یعنی آپ اگر جملے میں سے

"من" کو حذف کر دیں تب بھی اس کے معنی پر کوئی اثر نہیں پڑے گا مثلاً

نوشیدم میں نے پیا

خوردم میں نے کھایا

رفتم میں گیا / میں گئی

گفتم میں نے کہا

اور اب ایک وضاحت: اگر ہم ضمیر "من" کو مصدر پر لگا دیں تو جو فارمولہ ہمارے ہاتھ لگے گا تو کچھ اس طرح سے ہو گا۔ "من" یا ضمیر متکلم اور مصدر کے آخر سے "نون" کو ہٹا کر لفظ "میم" لگا دیا جائے اور اب آیئے آپ کو کچھ ایسے فارسی الفاظ اور ان کے معنی بتاتے ہیں کہ جن کی مدد سے آپ ضمیر متکلم اور فعل ماضی کو استعمال کر کے کچھ نئے جملے بنا سکتے ہیں۔

آب *** پانی

نان *** روٹی

قہوہ *** قہوہ

جملے بنایئے:

من آب نوشیدم میں نے پانی پیا

نان روٹی

من نان خوردم میں نے روٹی کھائی

قهوه قہوہ (جیسا کہ ہم پہلے عرض کر چکے ہیں کہ فارسی الفاظ کے آخر میں اگر چھوٹی "ہ" آئے تو اسے بڑی "ے" کی طرح تلفظ کیا جاتا ہے۔

من قهوه نوشیدم میں نے قہوہ پیا

اور اب کچھ نئے الفاظ اور ان کے معنی:

گذرنامه پاسپورٹ

اتوبوس بس (بس کے ساتھ ہمیشہ یہاں لفظ "اتو" لگایا جاتا ہے)

تاکسی ٹیکسی (جیسا کہ ہم عرض کر چکے ہیں کہ فارسی میں چونکہ لفظ "ٹ" موجود نہیں ہے لہذا "ٹ" کی جگہ "ت" استعمال کیا جا رہا ہے۔

ایستگاه بس اسٹاپ کے لئے معمولاً استعمال کیا جاتا ہے

راه آهن ریلوے اسٹیشن

فرودگاه ائیرپورٹ یا ہوائی اڈہ

بزرگ راه ہائی وے

میدان اسکوائر / چہار راہ

فروشگاه اسٹور

مغازه دکان

اگلے پروگرام تک آپ سے اجازت چاہیں گے۔ خدا نگہدار

***

پانچواں سبق: درس پنجم

آپ کو یاد ہو گا کہ ہم نے ضمیر متکلم اور مصدر کی مدد سے کچھ جملے بنانا آپ کو سکھائے تھے اور اس کے ساتھ ہی آپ کو دعوت دی تھی کہ آپ بھی اسی طرح دیگر جملے بنائیں امید ہے کہ آپ نے یہ مشق بخوبی انجام دی ہو گی۔ اس سے قبل کہ آج کے درس پر ایک نظر ڈالی جائے ایک بار پھر فعل مصدر اور فعل ماضی پر ایک مختصر اور اجمالی نگاہ ڈال رہے ہیں۔

مصدر فارسی دستور کے مطابق " دن" اور " تن " سے پہچانا جاتا ہے یعنی :" آمدن۔ رفتن" پہلے لفظ میں آپ نے " دن " سے پہچان کی اور دوسرے لفظ میں تن سے ،مصدر کے آخر سے "ن" کو اگر حذف کر دیا جائے تو ہم پہلے ہی عرض کر چکے ہیں جو حاصل مصدر ہو گا وہ فعل ماضی کہلائے گا۔ مثال ایک بار پھر آپ کو دئے دیتے ہیں۔

" آمدن"

اس سے جو فعل ماضی ہمیں ملے گا وہ ہو گا:" آمد "یعنی " آیا"

" رفتن"

اس کا فعل ماضی ہو گا: "رفت" یعنی "گیا"

"نوشیدن"

اس سے فعل ماضی جو بنایا جائے گا: "نوشید" یعنی "پیا"

"گفتن"

اس کا فعل ماضی ہو گا: "گفت" یعنی "کہا"

فعل ماضی کے ساتھ آپ ضمیر غائب یا شخص غائب کا نام لے سکتے ہیں اس کی مثال ہم پہلے ضمیر سے دے رہے ہیں:

"او آمد" یعنی "وہ آیا" یا "آئی"

ایک بار پھر وضاحت کر دیں اس بات کی کہ فارسی میں مذکر اور مؤنث چونکہ موجود نہیں ہے لہذا تمام افعال یکساں استعمال کئے جاتے ہیں۔ یہاں پر ہم "او" کی جگہ اسم لگاتے ہیں۔

احمد نوشید   احمد نے پیا

امجد رفت   امجد گیا

علی گفت   علی نے کہا

یہاں ایک بار پھر بھی وضاحت کر دیں کہ آپ یہاں "احمد"، "امجد" اور "علی" کی جگہ "رضیہ"، "مرضیہ" یا "صدیقہ" لگا سکتے ہیں اور فعل میں فرق نہیں پڑے گا۔ صرف اردو ترکیب کے حساب سے، مثلا" مرضیہ نے چائے پی، رضیہ گئی

اور صدیقہ نے کہا۔ خوردن ، نوشیدن ، رفتن اور گفتن کی مثال آپ ایک بار پھر دیکھیں۔

پوشیدن، نوشتن، دیدن، شکستن، خندیدن، گریستن، دادن، گرفتن

ان الفاظ کے معنی انشاء اللہ آگے چل کر بتائیں گے۔ آپ یقینا" اب تک فارسی کے سادہ اور آسان جملہ بنانے میں ضروری مہارت حاصل کر چکے ہیں اور یہ بھی آپ نے ذہن نشین کر لیا ہو گا کہ مصدر کو کس طرح سے فعل میں تبدیل کرتے ہیں۔ ضمیر متکلم اور ضمیر متکلم کے جانشین یعنی لفظ "میم" کی اہمیت سے بھی آپ آشنا ہو چکے ہیں۔ آیئے ایک بار پھر مصدر کو فعل میں تبدیل کرنے کا جو طریقہ ہم نے آپ کو بتایا تھا اس کو دہراتے ہیں۔ جی ہاں، مصدر کے آخر سے "ن" کو ہٹا کر "میم" لگا دینے سے جو جملہ فعلیہ بنتا ہے اس میں "میم" ضمیر متکلم کا کام کرتا ہے جیسے "نوشیدن" سے "نوشیدم"، "رفتن" سے "رفتم"، "گفتن" سے "گفتم"، "خوردن" سے "خوردم" اور اب آیئے ایک بار پھر فعل ماضی بناتے ہیں : "خوردن" سے "خورد"، "رفتن" سے "رفت"، "گفتن" سے "گفت"، "نوشیدن" سے "نوشید" اور ضمیر متکلم سے اب کچھ ہم جملے آپ کو بنانا سکھا رہے ہیں:

من چای نوشیدم	میں نے چائے پی
من ناہار خوردم	میں نے دوپہر کا کھانا کھایا (ناہار دوپہر کا کھانا)
من اذان گفتم	میں نے اذان دی / اذان کہی

من بہ تہران رفتم   میں تہران گیا/گئی

اور اب کچھ فعل ماضی:

او ناہار خورد   اس نے دوپہر کا کھانا کھایا

احمد بہ تہران رفت   احمد تہران گیا

امجد اذان گفت   امجد نے اذان دی/کہی

علی آب نوشید   علی نے پانی پیا

ایک بار پھر بتا دیں کہ یہاں پر آپ احمد، امجد اور علی کی جگہ یا مؤنث اسم سے استفادہ کریں معنے آپ کو حاصل ہوں گے جو اردو میں استعمال کئے جاتے ہیں۔ گئی، گیا یا اسی طرح کے وہ الفاظ جو اردو میں مذکر اور مؤنث کے لئے الگ الگ بولے جاتے ہیں۔

***

چھٹا سبق: درس ششم

آپ کو یاد ہو گا کہ گزشتہ سبق میں ہم نے آپ کچھ مصدر نوٹ کرائے تھے اور یہ وعدہ کیا تھا کہ اگلے درس میں ان کے معنی آپ کو بتائیں گے تو آج ہم سب سے پہلے آپ کو انہی مصادر کے معنی نوٹ کرائے لیں کہ جن کا ذکر ہمیں گزشتہ سبق میں کیا تھا۔

پوشیدن پہننا

نوشتن لکھنا

دیدن دیکھنا

شکستن توڑنا

خندیدن ہنسنا

گریستن رونا

دادن دینا

گرفتن لینا

اور اب ہم آپ کو فعل ماضی سے متعلق کچھ یاد آوری کراتے ہیں۔ فعل ماضی

کے حوالے سے ہم نے آپ کو بتایا تھا کہ مصدر کے آخر سے "نون" کو اگر ہٹا دیا جائے تو جو کچھ بچے کا فعل ماضی کہلائے گا اور اس سے ہم نے کچھ جملے بھی بنائے تھے آج ہم آپ کو ماضی قریب بنانے کا فارمولہ سکھاتے ہیں۔اس کا قاعدہ یہ ہے کہ ماضی مطلق یعنی رفت اور اس کے آخر میں چھوٹی "ہ" کا اضافہ کر دیں اور اس کے بعد لفظ "است "یعنی "ہے" لگاتے ہیں تو کچھ جملہ بنے گا وہ یہ ہوتا: رفتہ است یعنی وہ چلا گیا ہے یا وہ چلی گئی ہے یہاں رفتہ چھوٹی کے ساتھ استعمال ہوا ہے جیسے کہ ہم بتا چکے ہیں کہ چھوٹی "ہ" کا تلفظ فارسی میں بڑی "ے" کی طرح کہا جاتا ہے اور چھوٹی "ہ" یہاں ہائے غیر ملفوظ کہلاتی ہے یعنی جس کا تلفظ نہ کیا جائے۔

اس کو ہم ایک بار پھر آپ کے لئے تکرار کرتے ہیں ایک اور لفظ کے ساتھ لفظ ماضی ہے "گفت" اس میں ہم چھوٹی "ہ" آخر میں لگائیں گے اور اس کے بعد لفظ "است" موجود ہے تو جو جملہ بنے گا وہ یہ ہے: گفتہ است یعنی وہ کہہ چکا ہے / چکی ہے ایک اور لفظ ہے "خورد" اس کی بھی وہ ہی ترکیب ہے یعنی آخر میں چھوٹی "ہ" لگا دیں گے اور لفظ "است" موجود ہے اس کے ساتھ جو جملہ بنے گا وہ یہ ہو گا: خوردہ است

اب آیئے ان کی مدد سے ہم پورے اور مکمل جملے بناتے ہیں اور وہ جملے کچھ اس طرح سے ہیں: او بہ پاکستان رفتہ است یعنی وہ پاکستان چلا گیا ہے یا پاکستان گیا ہے یہاں ضمیر "او" کی جگہ آپ نام لکھ سکتے ہیں آپ اگلا جملہ سنیئے: احمد شام خوردہ است ،احمد رات کا کھانا کھا چکا ہے یہاں شام رات کا کھانا کھانے کے لئے استعمال

ہوتا ہے اگلے جملے سنیے : مؤذن اذان گفتہ است یعنی مؤذن اذان دے چکا ہے یا اذان کہہ چکا ہے یہاں اب ہم انہی جملوں کو دوبارہ تکرار کرتے ہیں اور ضمیر اور مرد کی نام کی جگہ کسی خاتون کا نام لے کر جملہ بناتے ہیں:

رضیہ بہ پاکستان رفتہ است رضیہ پاکستان جا چکی ہے / پاکستان چلی گئی ہے

مرضیہ شام خوردہ است مرضیہ رات کا کھانا کھا چکی ہے

طاہرہ اذان گفتہ است طاہرہ اذان دے چکی ہے

یہاں پہ آپ نے تین نام سنے : رضیہ ، مرضیہ اور طاہرہ آپ نے توجہ کی ہو گی کہ ان کا تلفظ فارسی میں رضیے ، مرضیے اور طاہرے کہا گیا ہے یعنی چھوٹی "ہ" کو، جو قاعدہ ہم نے آپ کو بتایا ہے اس کے تحت بڑی "ے" تبدیل کر دیا گیا ہے لیکن لکھا اسیطرح جائے گا۔ رضیہ ، مرضیہ ، طاہرہ ایک بار پھر یاد آوری کے طور پر ہم مصدر کی تعریف کریں گے اور کچھ نئے مصدر کو آپ کو نوٹ کرائیں گے اور اس کے بعد بتائیں گے کہ فعل مستقبل کس طرح بنتا ہے۔ مصدر کی پہچان آپ کو کروا چکے ہیں: خوردن ، کشتن یعنی خوردن کے آخر سے آپ "نون" کو ہٹا دیں اور کشتن کے آخر سے بھی "نون" حذف کر دیا جائے تو کچھ بچے گا وہ ماضی کہلائے گا اردو میں مصدر کی پہچان کے لئے آپ کو معلوم یہ ہے کہ "نا" لگایا جاتا ہے جیسے "کھانا" ، "پینا" اور مصدر کے آخر سے نون حذف کرنے سے حاصل مصدر فعل میں تبدیل ہو جاتا ہے وہ کونسا فعل بنتا ہے وہ فعل ماضی ہوتا ہے جیسے : خورد ، نوشت ، گفت ، رفت فعل

ماضی سے ماضی قریب بنانے کے لئے جو فارمولہ ہے اب اس پر توجہ کیجئے یعنی ماضی اور اس کے آخر میں چھوٹی "ہ" اور اس کے بعد لفظ "است "یعنی "ہے" اور اب اس یاد آوری کے بعد آیئے آپ کو کچھ نئے مصدر ہم نوٹ کراتے ہیں آپ ان کی مدد سے جملے بنایئے۔

فرستادن بھیجنا

رساندن پہچانا

آمدن آنا

شنیدن سننا

جویدن چبانا

خوابیدن سونا

خندیدن ہنسنا

ہمیں امید ہے کہ آپ نے آسانی کے ساتھ کچھ بیان کیا گیا ہے اس کو نوٹ کر لیا ہو گا۔اب دیکھتے یہ ہیں کہ آپ اس کو کتنا سمجھ پائے ہیں اور اس کے سمجھنے کے لئے آپ یقیناً تمرین کریں گے اور اپنے بنائے جملوں کو اس فارمولے سے ملائیں گے جو ہم نے آپ کو یاد کرائے ہیں اور انشاء اللہ اگلے درس میں ہم آپ کو ماضی بعید بنانے کا طریقہ سکھائیں گے اس وقت تک کے لئے اجازت دیجئے۔ خدانگہدار

***

ساتواں سبق: درس ہفتم

پروگرام " آیئے فارسی سیکھیۓ" میں آپ کا خیر مقدم ہے گزشتہ پروگرام میں ہم نے آپ کو کچھ نئے مصدر نوٹ کرائے تھے اور ماضی قریب بنانے کا طریقہ بتانے کے ساتھ ہی کچھ جملے بھی آپ کو یاد کرائے تھے۔ آج کے پروگرام میں ہم نے آپ کو فعل ماضی سے ماضی بعید بنانے کا طریقہ سکھارہے ہیں۔ آپ کو یادوں کا کہ ماضی بعید بنانے کے لئے کہ جو فارمولہ بنانے کا ہم آپ کو بتایا تھا وہ کچھ یہ ہے فعل ماضی اس کے ساتھ چھوٹی " ہ " اضافہ کیا جائے گا اور آخر میں لفظ " بود " لگا دیئے جائے گا۔ یہاں پر ماضی بعید میں " است " کی جگہ " بود "ملی لی ہے اس کے معنی " تھا" اور " تھی "ہیں۔ اس کی مثال کچھ یہ ہیں:

احمد فرستادہ بود احمد نے بھیجا تھا

امجد خوردہ بود امجد نے کھایا تھا

او شنیدہ بود اس نے سنا تھا

آپ نے ملاحظہ کیا کہ فعل، ماضی بعید بنانا کتنا آساں ہے اور فعل ماضی جو ہے اس میں صرف " ہ "یعنی چھوٹی " ہ " ایسے فارسی میں " ہ " غیر ملفوظ کہتے ہیں اور

اس کے بعد لفظ "بود" لگایا جاتا ہے۔ فعل ماضی قریب: فعل ماضی قریب اس میں کیا کرنا پڑتا ہے میں، جی ہاں، چھوٹی "ہ" کے بعد لفظ "است" لگایا جاتا ہے اور جملہ بن جاتا ہے اور فعل ماضی مطلق کس طرح بنتا ہے؟ اس کا طریقۂ کار یقینا" آپ کو یاد ہو گا کہ مصدر کے آخر سے "نون" کو حذف کر دیا جاتا ہے اور اب آیئے فعل ماضی بعید کی وضاحت ایک دفعہ پھر کئے دیتے ہیں۔ فعل ماضی جی ہاں آخر میں "ہ" اور اس کے بعد "بود" لگایا جائے گا۔ اس کی مثالیں ایک بار پھر دہرا دیتے ہیں:

احمد خندیدہ بود احمد ہنسا تھا

رضیہ فرستادہ بود رضیہ نے بھیجا تھا

او آمدہ بود وہ آیا تھا / وہ آئی تھی

امجد رساندہ بود امجد نے پہنچایا تھا / پہنچائی تھی

فارسی سیکھنے کے لئے آپ کو مشقیں ضرورت ہے اور مشق کے لئے وقت کی اور اس کی ضرورت سے کوئی انکار نہیں کر سکتا آج کے صنعتی دور میں جو چیز نایاب ہے وہ وقت ہے اور وقت کی بھی کتنی تیزی کے ساتھ گزر رہا ہے اس کی کسی کو خبری نہیں اسی لئے وقت کے بارے میں مختلف محاورے بولے جاتے ہیں فارسی میں سلسلے میں جو محاورہ بولا جاتا ہے وہ ہے "وقت طلاست " یعنی" وقت سونا ہے "

وقت کو سونے سے تعبیر کیا گیا ہے اردو میں کہا جاتا ہے کہ "گیا وقت کبھی ہاتھ نہیں آتا" پس اس محاورے کو گرہ میں باندھ لیجئے اور وقت سے پورا پورا فائدہ

اٹھائیے ہم نے تنگی وقت اور آپ کی مصروفیات کو دیکھتے ہوئے پروگرام " آیئے فارسی سیکھئے " کو ریڈیو اردو کی ویب سائٹ پر دینے کا بھی فیصلہ کیا گیا ہے تاکہ آپ جب چاہیں یعنی جب بھی آپ کو وقت ملے مشق کیجئے اور اپنی فارسی بولنے کی استعداد کو بڑھائیے اور اب آیئے کچھ نئے الفاظ اور ان کے معنی آپ کو نوٹ کرادئے ہیں۔

برنج چاول

عدس کھڑی مسور کی دال

آرد آٹا

شکر شکر

نمک نمک

ہل چھوٹی لائچ

زردچوبہ ہلدی

فلفل سیاہ کالی مرچ

زیرہ زیرہ

نخود چنے

اس کے ساتھ ساتھ آپ کو یہ بھی بتادیں کہ فارسی میں لفظ " تمرین " ، " مشق " کے لئے کہا جاتا ہے۔ مشق شب " ہوم بھر " کے لئے بولا جاتا ہے۔ دفتر، کاپی یا نوٹ کو کہتے ہیں۔ مداد، پینسل کو کہتے ہیں اور اس کے ساتھی مداد تراش، شوپنر

یا پینسل تراش کہا جاتا ہے۔ انشاء اللہ اگلے پروگرام میں آپ سے پھر ملاقات ہو گی۔ اس وقت تک کے لئے اجازت دیجئے۔ خدا نگہدار

❋ ❋ ❋

آٹھواں سبق: درس ہشتم

پروگرام "آیئے فارسی سیکھیۓ" لے کر حاضر خدمت ہیں قبل اس کے آج کا پروگرام شروع کریں گزشتہ پروگرام کی یاددہانی کرادیں تو آپ لوگ آج دن کے درس و مشق کے لئے تیار ہو جائیں۔ گزشتہ پروگرام میں ہم نے آپ کو ماضی بعید بنانے کا طریقہ سکھایا تھااور کچھ جملے بھی بنائے تھے اور آپ کو مزید مشق کرنے کا ہم نے مشق دیا تھاتو اب آیئے آج کے سبق پر نظر ڈالنے سے قبل ماضی بعید کا فارمولہ ایک بار پھر بتائے دیتے ہیں آپ کو یاد ہو گا کہ ماضی "رفت" یا" گفت"جی، اس کے بعد ہم لفظ چھوٹی"ہ" لگائیں گے اور آخر میں "بود"کا اضافہ کر دیں گے تو جو جملہ بنے گا وہی یہ ہو گا "رفتہ بود"جی، ماضی "رفت" اور اس کا ماضی قریب کیا ہے: "رفتہ است" اور ماضی بعید جو میں نے ابھی بتایا ہو کہ وہ کیا بنے گا: "رفتہ بود"

اب جائیں گے اور اب ہم فعل مستقبل پر آپ سے گفتگو کریں گے تو سب سے پہلے ہم آپ کو فعل مستقبل بنانے کا فارمولہ بتائے دیتے ہیں۔ جی آپ نوٹ کریں:

فعل مستقبل بنانے کا فارمولہ یہ ہے: لفظ "خواہد" اس کے بعد ماضی لگایا جائے گا تو جو لفظ ہمارے سامنے آئے گا وہ بنے گا: "خواہد فرستاد"یعنی وہ "بھیجے گا" یا" بھیجے

گی "جو بھی شخص ہے مذکر یا مؤنث کے قید آپ اردو زبان کے مطابق کریں گے اب اس کی مثال ہم کو بتائے دیتے ہیں مزید ایک مثال یہ بنے گی :خواہد خورد یعنی وہ " کھائے گا" یا" کھائے گی "خواہد نوشت یعنی وہ "لکھے گا" یا" لکھے گی "خواہد رفت یعنی وہ" جائے گا" یا" جائے گی" ایک بار پھر توجہ فرمائیں کہ فعل مستقبل بنانے کے لئے فعل ماضی سے قبل "خواہد " لگائے جاتا ہے مثلاً خواہد رفت " جی "وہ جائے گا" یا "جائے گی" آپ اسی طرح کے دیگر چند جملے بنا کر اس کی مشق کریں تا کہ اچھی طرح سے آپ کے ذہن نشین ہو جائے گا۔

جو کچھ ابھی آپ کی خدمت میں پیش کیا گیا اس کے تناظر میں یا اس کو پیش نظر رکھتے ہوئے آیئے کچھ جملے بناتے ہیں:

احمد خواہد رفت احمد چلا جائے گا

امجد خواہد نوشت امجد لکھے گا

او خواہد فرستاد وہ بھیجے گا یا بھیجے گی (سامعین اسم کی جگہ یا شخص کی جگہ ضمیر استفادہ کیا گیا ہے لفظ "او" مذکر اور مؤنث دونوں کے لئے بولا جاتا ہے

علی خواہد آمد علی آئے گا

"احمد خواہد رفت "یعنی "احمد جائے گا" ہمیں یہ معلوم ہو گیا کہ "احمد جائے گا "لیکن کب جائے گا اور کہاں جائے گا۔ یہ بات ہمیں سیاق و سبق سے معلوم ہو گی تا ہم ہر قسم کے ابہام کو دور کرنے کے لئے جملے میں زمان و مکان یعنی "کب " اور

کہاں کی غیر لگانے سے جملہ مکمل ہو جائے گا اس کے لئے آپ کو کیا کرنا ہو گا یہ ہم آپ کو بتائے دیتے ہیں یعنی اگر احمد اور خواہد کے درمیان مکان کی قید لگا دی جائے تو جملہ کچھ یوں بنے گا: "احمد بہ اسلام آباد خواہد رفت" یہاں میں معلوم ہو گیا کہ احمد اسلام آباد جائے گا لیکن ابھی کب جائے گا یہ ہمیں معلوم نہیں ہے اس کے لئے ہمیں جملے میں مکان یعنی اسلام آباد سے پہلے زمان لگانا ہو گا یعنی احمد اور خواہد کے درمیان زمان و مکان کا اضافہ کیا جائے گا مثلاً: احمد امروز اسلام آباد خواہد رفت۔

البتہ یہاں عام بول چال میں لفظ "امروز" یعنی "آج" ہم اسم سے پہلے لگا سکتے ہیں یعنی جملہ جو کچھ بن جائے گا اس وقت: امروز احمد بہ اسلام آباد خواہد رفت۔ یعنی احمد اسلام آباد جائے گا عام بول چال میں اس جملے میں حرف اضافہ یعنی "بہ" غائب ہے تاہم فارسی دستور میں حرف اضافہ لگانا ضروری ہے یعنی: احمد امروز بہ اسلام آباد خواہد رفت یعنی احمد آج اسلام آباد جائے گا۔ یعنی لفظ "بہ" حرف اضافہ تھے کہ جو فارسی زبان میں لگانا ضروری ہے۔

اب تک کے اسباق میں ہم نے مصدر، ماضی، حال اور مستقبل کی تعریف اور یہ کہ کس طرح مصدر سے ماضی مطلق بنائے جاتا ہے اور اس کے بعد ہم نے آپ کو ماضی کی اقسام ماضی قریب، ماضی بعید بنانے کا طریقہ بتایا اور آج کے درس میں ہم نے فعل مستقبل کا فارمولہ آپ کو سکھایا۔ ہمیں امید ہے کہ آپ نے اچھی طرح

سے ذہن نشین کر لیا ہوگا۔ اگلے پروگرام تک کے لئے ہم نے آپ سے اجازت چاہیں گے۔ خدا نگہدار

٭٭٭

نواں سبق: درس نہم

پروگرام آیئے فارسی سیکھئے میں آپ کا خیر مقدم ہے گزشتہ پروگرام میں ہم نے فعل مستقبل کے بارے میں آپ سے گفتگو کرنے کے بعد کچھ جملے بنائے تھے اور بعد پہنچی تھی زمان و مکان میں آج کے اس پروگرام میں ہم زمان و مکان کی تعریف کریں گے اور اس کے بعد زمان و مکان کے لئے فارسی میں کیا بولا جاتا ہے اس سے آپ کو آگاہ کریں گے امید ہے کہ آپ آج کا پروگرام بھی بغور سماعت فرمائیں گے۔ آپ جانتے ہیں کہ زمان یا اسم زمان کہ جس میں وقت کی قید پائی جاتی ہے مثلاً صبح و شام وغیرہ اور اسم مکان جس میں جگہ کی قید موجود ہوتی ہے مثلاً گھر، پارک وغیرہ۔ اب آیئے فارسی میں اسم زمان کے لئے جو لفظ وضع کئے گئے ہیں وہ سماعت فرمایئے اور اس کے ساتھ ساتھ ان کے معنی بھی نوٹ کر دی جایئے۔

شب رات

امشب آج رات، آج کی رات

دیشب کل رات، گذشتہ رات

روز دن (یہ اردو میں بھی بولا جاتا ہے تھوڑے سے تلفظ میں فرق کے

ساتھ)

امروز آج کے دن پر دلالت کرتا ہے امروز اس لفظ کو اردو میں بھی بولا

جاتا ہے

فردا آنے والی کل

اور اب اسم مکان:

بالا اوپر (بلندی کے لئے معمولاً بولا جاتا ہے)

پایین نیچے

در اندر (in)

بیرون باہر (out)

شمال شمال

جنوب جنوب

شرق مشرق

غرب مغرب

آپ نے یہ الفاظ یقیناً نوٹ کر لیئے ہوں گے اب آیئے آپ کو ہم کچھ جملے بنانا سکھاتے ہیں۔ اور اب کچھ جملے:

امجد فردا خواہد رفت امجد کل چلا جائے گا

احمد امروز مدرسہ می رود احمد آج اسکول جائے گا

من دیشب بہ قم رفتم میں کل قم گیا/گئی تھی

من دیشب بہ قم رفتہ بودم میں کل قم گیا تھا/ میں کل قم گئی تھی

او امشب نخواہد رفت وہ آج نہیں جائے گا/ وہ آج نہیں جائے گی

پارک ملت در شمال تہران واقع می باشد پارک ملت (نیشنل پارک) تہران کے شمال میں واقع ہے

فرودگاہ بین المللی در غرب تہران احداث شدہ است انٹرنیشنل ایئرپورٹ (بین الاقوامی ہوائی اڈہ) تہران کے مغرب میں بنایا گیا ہے

مصلّای بزرگ امام خمینی (رح) دو منارۂ بزرگ دارد امام خمینی عید گاہ کے دو بڑے منارے ہیں

انشاء اللہ اگلے پروگرام میں اسی موضوع پر آپ سے مزید گفتگو ہو گی اس وقت تک کے لئے ہم آپ سے اجازت چاہیں گے۔ خدا نگہدار

***

دسواں سبق: درس دہم

سامعین پروگرام آیئے فارسی سیکھئے میں آپ سب کا خیر مقدم ہے اب تک ہم آپ کی خدمت میں نو پروگرام پیش کر چکے ہیں اور آج اس سلسلے کا دسواں پروگرام سماعت فرماتے ہیں۔ ہمیں امید ہے کہ اب تک کے پروگراموں کے پیش جانے والی اس سبق سے آپ نے بھرپور فائدہ اٹھایا ہو گا آج ہم پچھلے اسباق پر ایک سرسری نظر ڈالتے ہیں تا کہ فارسی جملے بنانے میں اگر آپ کو کچھ مشکل ہو تو وہ دور ہو جائے۔ سامعین آپ کو یاد ہو گا کہ ہم نے آپ کو یہ بتایا تھا کہ فارسی میں چونکہ تذکیر و تانیث یعنی مذکر و مؤنث نہیں ہے لہذا اس لحاظ سے ایک بڑی مشکل جو اردو سیکھنے والوں کو ہوتی ہے وہ فارسی سیکھنے والوں کو پیش نہیں آتی۔ مذکر اور مؤنث دونوں کے لئے آپ بلا سوچ سمجھے یہ کہہ سکتے ہیں:

رضیہ آمد رضیہ آئی علی آمد علی آیا احمد رفت احمد گیا ناصرہ رفت ناصرہ گئی محمد خوابید محمد سو گیا، نسیمہ خوابید نسیمہ سو گئی

سامعین آپ نے یہاں جو جملے سنیں ان میں خواتین کے جو نام ہے رضیہ، ناصرہ، اور نسیمہ ان کا فارسی تلفظ آپ نے ملاحظہ کیا کہ رضیہ کو رضیے کہا گیا، ناصرہ کو

ناصرے کہا گیا اور نسیمہ کو نسیمے۔ ہم بتا چکے ہیں کہ یہ "ہ" غیر ملفوظ کہلاتی ہے اور اس طرح کہ سبھی ناموں کو آپ اردو کی "ے" کی طرح تلفظ کیجئے اور اب مذکر یا مؤنث مجازی جیسے میز، قلم، دن، رات وغیرہ ان سے متعلق بھی فارسی سیکھنے والوں کو کہیں بھی فعل یا صفت لانے کے لئے مشکل پیش نہیں آتی جبکہ اردو سیکھنے والا ہمیشہ اسی میں مبتلا رہتا ہے کہ فعل یا صفت مؤنث ہے یا مذکر مثلاً آپ اردو میں کہتے ہیں کہ یہ میز بہت اچھی ہے یہاں میز کے لئے جو صفت لائی گئی ہے وہ اچھی ہے اور اگر یہ کوئی اور چیز ہوتی یعنی اگر یہ کہا جاتا کہ قلم، یہ قلم بہت اچھا ہے تو قلم کے لئے چونکہ اس کو مذکر تصور کیا جاتا ہے لہذا اس کے لئے جو صفت لائے گی تو وہ اچھا لائے گی۔ فارسی میں سنیئے کہ یہ میز بہت اچھی ہے کس طرح سے کہا جائے گا:

این میز خیلی خوب است۔ م۔ے۔ز = م ی ز میز کو میز تلفظ کیا گیا ہے یہاں میز کو آپ نے مؤنث مجازی قرار دیتے ہوئے اس کے لئے جو صفت بیان کی ہے وہ بھی مؤنث ہے یعنی اردو میں اچھی اور اب یہ صوفا بہت اچھا ہے۔

این مبل خیلی خوب است۔ مبل فارسی میں صوفے کو کہتے ہیں اور صوفہ مذکر مجازی یہاں قرار پایا ہے تو اس کے لئے جو صفت بیان کی گئی ہے وہ بھی آپ نے مذکر بیان کی یعنی اچھا ہے۔ یہ صوفہ بہت اچھا ہے۔ یہاں بھی ملاحظہ کیا کہ میز اور صوفہ دونوں کے لئے ایک ہی انداز میں جملہ بنایا گیا ہے۔ خوب است۔ مذکر اور مؤنث حقیقی کے لئے بھی فعل یا صفت کا یکساں استعمال کیا جاتا ہے ایک بار پھر سنیئے۔

رضیہ رفت رضیہ گئی رضیہ خوب است رضیہ اچھی ہے احمد رفت احمد گیا احمد خوب است احمد اچھا ہے

عزیز سامعین اس وضاحت کے بعد ہم آپ سے اجازت چاہیں گے انشاء اللہ اگلے پروگرام میں آپ کو کچھ نئے الفاظ اور معنی بتائیں گے۔ اس وقت تک کے لئے ہمیں اجازت دیجئے۔ خدا نگہدار

٭ ٭ ٭

گیارھواں سبق: درس یازدہم

سامعین آپ کو یاد ہو گا کہ گذشتہ پروگرام میں ہم نے مذکر مجازی اور مونث مجازی اور ان دونوں کے لئے صفت کا بطور یکسان استعمال کیا جاسکتا ہے۔ آج کے پروگرام میں ہم ضمائر کی اقسام بتائیں گے اور اس سلسلے میں کئی مثالیں بھی پیش کی جائیں گی۔ اب آیئے ضمیر متصل یا ضمیر منفصل سے متعلق وضاحت یا تشریح: ضمیر متصل، وہ ضمیر ہے جو لفظ کے ساتھ ملی ہوتی ہے اور یہ (ت ، م، ش) ہے۔ اس کی مثال کچھ یوں دی جاسکتی ہے:

لباسَت تیرا لباس یا تمہارا لباس

لباسَم میرا لباس

لباسَش اس کا لباس

آپ نے ملاحظہ کیا کہ لباس ان تینوں مثالوں میں کامن ہے اور ان کے ساتھ جو ضمیر متصل استعمال کی گئی یعنی لباس کے آخر میں ت لگایا گیا، کیا بنا ؟لباست یعنی تیرا لباس، اور اس کے بعد یعنی لباس کے بعد ہم نے ضمیر متصل یعنی م کو لگایا ،تو کیا لفظ بنا؟ لباسَم، میرا لباس اور

اس کے بعد ہم نے اسی لباس کے ساتھ تیسری ضمیر لگائی ، اب کیا لفظ بنا ؟ لباسَش، اس کا لباس ۔ اب اسی طرح کی مزید دو تین مثالوں پر آپ ایک بار پھر توجہ کیجیے: منزلَت، منزل کے بعد ت لگائی گئی ہے ضمیر، منزلَت یعنی میرا گھر منزلَش ، منزل کے بعد جو ضمیر متصل ہم لائے ہیں وہ شین ہے ، منزلَش ، یعنی اس کا گھر ضمیر متصل ، عموماً عام بول چال میں بکثرت استعمال کی جاتی ہے اور آپ اس کی مدد سے کسی بھی لفظ کے آخر میں لا کر اپنے مخاطب کو کسی بھی شیٔ کی مالکیت ، یا ملکیت سے بآسانی آگاہ کر سکتے ہیں۔ اس کی مزید مثالیں ایک بار پھر آپ کو ہم بتا رہے ہیں:

کتابَم میری کتاب

کتابَش اس کی کتاب

کتابَت تیری کتاب

اب آیئے ضمیر متصل کی مدد سے کچھ جملے بناتے ہیں:

من کتابم را بہ احمد دادہ ام	میں نے اپنی کتاب احمد کو دے دی ہے
او کتابش را بہ برادرش داد	اس نے اپنی کتاب اپنے بھائی کو دے دی
من کتابت را نخواندہ ام	میں نے آپ کی کتاب نہیں پڑھی ہے

سامعین آپ نے یہاں پر ضمیر متصل سے متعلق مختلف مثالیں اور جملے سنے ہمیں امید ہے کہ آپ نے نوٹ کر لئے ہوں گے۔ آج کے پروگرام یہیں پر اختتام

پر پہنچتا ہے۔ اگلے پروگرام تک کے لئے اجازت دیجئے۔

خدا نگہدار

* * *

بارھواں سبق: درس دوازدہم

سامعین آپ کو یاد ہو گا کہ گذشتہ پروگرام میں ہم نے آپ کو ضمائر کی قسمیں بتائی تھیں اور خصوصیت کے ساتھ ضمیر متصل کا تذکرہ کیا تھا۔ آج ہم ضمیر منفصل کے بارے میں آپ کو بتا رہے ہیں امید ہے کہ گذشتہ سبق کی طرح اس سبق بھی آپ لوگ اچھی طرح سے نوٹ کریں اور تمرین کر کے اپنی فارسی کو بہتر بنائیے۔ اس سے قبل کہ ہم آپ کو ضمیر منفصل سے آگاہ کریں، ایک بار پھر گذشتہ سبق پر ایک اچٹتی ہوئی نگاہ ڈالتے ہیں۔

ضمیر متصل یعنی وہ ضمیر جو لفظ کے ساتھ ملی ہو جیسے:

لباسَت تیرا لباس یا تمہارا لباس

لباسَم میرا لباس

لباسَش اس کا لباس

آپ نے ملاحظہ کیا کہ لباس کے آخر میں ہم نے ضمیر کے لئے (ت م ش) لگایا ہے اور اب آیئے دیکھتے ہیں کہ ضمیر منفصل کسے کہتے ہیں اور اس کا استعمال فارسی میں کس طرح سے کیا جاتا ہے۔ ضمیر منفصل: جیسا کہ اس کے نام سے ظاہر

ہے یہ کسی لفظ کے ساتھ جوڑی نہیں ہوتی، بلکہ اپنے پورے وجود کے ساتھ ظاہر ہوتی ہے۔لفظ کے ساتھ اس کا فاصلہ ہمیشہ بر قرار رہتا ہے۔ لہذا ضمیر متصل کے مقابل قرار پاتی ہے اور اسی لئے اسے ضمیر منفصل کے نام سے پکارا جاتا ہے۔ گذشتہ اسباق میں ضمائر کی سادہ بحث میں ہم ضمائر منفصل کا ذکر اگرچہ کر چکے ہیں، لیکن منفصل کی قید کے ساتھ ان کا تذکرہ آپ کے لئے یقیناً ایک بار پھر مفید واقع ہو گا۔ آیئے بالترتیب ضمیر منفصل کی اقسام سے آپ کو ہم واقف کراتے ہیں۔

میں من

تو تو(تُ)

وہ او

ہم ما

آپ / تم شما

وہ یہ ضمیر غائب کے لئے اور بطور جمع استعمال کی گئی ہے

یہاں ایشان

یہ اسم اشارہ ہے اور ضمیر منفصل این

وہ آن

یہ لوگ یا یہ چیزیں جو بھی ہو جمع کے لئے استعمال ہوئی ہے یہاں اینہا

غائب افراد کے لئے بولی جاتی ہے آنہا

ضمیر کی بحث کو اب ہم یہی پر ختم کرتے ہیں اور اب آپ کو ہم اعداد و شمار یا اعداد ترتیبی یا اعداد وصفی سے آشنا کرا رہے ہیں۔ آپ جانتے ہیں کہ اردو میں اعداد وشمار کے لئے ایک، دو، تین یا پہلا، دوسرا اور تیسرا جیسے لفظ وضع کئے گئے ہیں جبکہ فارسی میں اس کے لئے یک، دو، سہ یہ گنتی کے ابتدائی اعداد ہیں۔ اور جب ان کو ہم اعداد ترتیبی یا اعداد وصفی میں استعمال کرتے ہیں تو انہیں کہا جاتا ہے: اوّل، دوّم، سوّم جی، اب آیئے ایک سے دس تک فارسی کی گنتی اور اعداد ترتیبی یا اعداد وصفی

1	ایک	یک
2	دو	دو
3	تین	سہ
4	چار	چھار
5	پانچ	پنج
6	چھ	شش
7	سات	ہفت
8	آٹھ	ھشت
9	نو	نُہ
10	دس	دہ

اور اب آیئے اعداد وصفی یا اعداد ترتیبی پر نظر ڈالتے ہیں۔ ایک سے دس تک

کے اعداد فارسی میں اس طرح سے بولے جاتے ہیں۔

پہلا   اوّل

دوسرا   دوّم

تیسرا   سوّم

چوتھا   چہارم

پانچواں   پنجم

چھٹا   ششم

ساتواں   ہفتم

آٹھواں   ہشتم

نواں   نہم

دسواں   دہم

گنتی   یا عدد کو اعداد ترتیبی یا اعداد وصفی میں تبدیل کرنے کے لئے ایک فارمولہ آپ ذہن نشین کر لیں کہ فارسی عدد کے بعد میم کا اضافہ کر دیں۔ یا میم لگا دینے سے عدد درجے میں یا اعداد وصفی یا ترتیبی میں تبدیل ہو جاتا ہے۔ جیسے یک سے یکم، دو سے دوم، سہ سے سوم۔۔۔۔۔۔۔۔۔ دہ سے دہم۔ اس تفصیل کے ساتھ آج کا پروگرام یہیں پر اختتام پر پہنچتا ہے۔ اگلے پروگرام تک کے لئے اجازت دیجئے۔ خدا نگہدار۔

❋ ❋ ❋

تیرہواں سبق۔۔ درس سیز دہم

سامعین آپ کو یاد ہو گا کہ ہم نے گذشتہ پروگرام میں ضمائر متصل اور ضمائر منفصل کے بارے میں آپ سے گفتگو کی تھی اور ان ضمائر کے تشریح کی ضمن میں کچھ جملے بھی بنائے تھے۔ تو آیئے پہلے ان جملوں کو دوہراتے ہیں۔

من کتابَم را به احمد داده ام۔

اس میں ضمیر متصل میم ہے جو کتاب کے بعد ملاحظہ کی جاسکتی ہے

میں نے اپنی کتاب احمد کو دے دی ہے

او کتابَش را به برادرش داد۔

اس میں ضمیر متصل شین ہے جو کتاب کے بعد آپ ملاحظہ کر سکتے ہیں

اس نے اپنی کتاب اپنے بھائی کو دے دی ہے

من کتابَت را نخوانده ام۔

اس میں ضمیر متصل جو کتاب کے بعد دیکھی جاسکتی ہے وہ ت ہے

میں نے تمہاری کتاب یا تیری کتاب نہیں پڑھی ہے

اور اب اس وضاحت کے بعد ہم آپ کو یہ بتاتے چلیں کہ

ضمائر کی جمع بھی موجود ہے تو آیئے ضمائر متصل کی جمع سے ہم آپ کو آشنا کراتے ہیں۔ کتابَم، اس کی ضمیر متصل اگر ہم بنائیں گے تو کیا بنے گی؟

کتابمان ، یہاں میم کی جگہ مان ضمیر متصل ہے اور یہ جمع کے طور پر یہاں استعمال ہوئی ہے۔

کتابَت، اس کی ضمیر متصل ت ہے اور اس کی جمع کیا ہو گی؟ کتابتان ، یہاں پر ت کی جگہ تان کا استعمال ہوا ہے اور یہ جمع ہے ضمیر متصل ت سے۔

کتابش، کتابشان، یہاں ضمیر متصل واحد شین ہے کہ جس کی جمع شان ہے۔

کتابشان یعنی ان کی کتابیں یا ان کی کتاب۔

ملاحظہ کیا آپ نے کہ فارسی میں ضمائر متصل کی جمع موجود ہے اور اب ان ضمائر کی مدد سے آیئے کچھ مرکب الفاظ بناتے ہیں۔

کتابِمان ہماری کتاب کتابِتان آپ / تمہاری یا تم لوگوں کی کتاب کتابِشان ان کی یا ان لوگوں کی کتاب

یہاں کتاب کی جگہ کچھ اور چیزوں کی مثال بھی پیش کی جا سکتی ہے۔ لیکن پہلے آیئے الفاظ اور معنی نوٹ کیجیے۔

گذرنامہ پاسپورٹ عکس فوٹو کیف پرس قلم قلم مداد پنسل دفتر کاپی پوشہ فائل یا فائل کَور اتاق کمرہ صندلی کرسی کفش جوتے

اب ہم ان الفاظ کے ذریعے کچھ جملے بنا رہے ہیں اور اس میں ضمیر

متصل جمع کا استعمال کر رہے ہیں۔

گذر نامہ مان ہمارے پاسپورٹ

عکسِتان تمہارا فوٹو / آپ کا فوٹو

اتاقِشان ان کا کمرہ

ان جملوں کے ساتھ ہی صفت لگا کر جملوں کو مزید مکمل کیا جا سکتا ہے۔ آیئے یہ جملے دوبارہ سنتے ہیں۔

گذر نا مہمان ، سیاسی است۔ ہمارے پاسپورٹ سیاسی ہیں عکسِتان ، بزرگ است۔ تمہارا / آپ کا فوٹو بڑا ہے اتاقِشان، کوچک است۔ ان کا کمرہ، چھوٹا ہے

آیئے ان جملوں کی ایک بار پھر تکرار کیے لیتے ہیں تا کہ آپ کے ذہن میں اچھی طرح سے بیٹھ جائیں۔

گذر نامہ مان ، سیاسی است۔ ہمارے پاسپورٹ سیاسی ہیں عکسِتان ، بزرگ است۔ تمہارا / آپ کا فوٹو بڑا ہے اتاقِشان، کوچک است۔ ان کا کمرہ، چھوٹا ہے

ایک وضاحت:

اوپر دئے گئے جملوں میں پہلا جملہ ، سیاسی است پر ختم ہوا ہے، بولتے وقت اسے اس طرح ادا کیا جاتا ہے :سیاسیست

یہاں ضمیر متصل جمع کے ساتھ آپ نے صفت ملاحظہ کی کہ پاسپورٹ کے لئے صفت لائے ہیں، سیاسی، فوٹو کے لئے صفت لائے ہیں بزرگ، اور کمرے کے لئے یعنی اتاق کے لئے جو صفت استعمال کی گئی ہے وہ کو چک یعنی چھوٹا۔ امید ہے کہ آج کا پروگرام بھی آپ نے اچھی طرح سے سنا ہو گا۔ اگلے پروگرام تک کے لئے آپ ہم سے اجازت چاہیں گے۔ خوب تمرین کیجئے۔ خدا نگہدار۔

***

مولانا آزاد کی معرکۃ الآرا کتاب 'غبارِ خاطر'

سے تین منتخب خطوط

غبارِ خاطر سے تین خط

مصنف: مولانا ابو الکلام آزاد

بین الاقوامی ایڈیشن منظر عام پر آ چکا ہے

مولانا ابوالکلام آزاد کی روداد گرفتاری، مقدمہ اور ان کے تفصیلی بیان پر مشتمل کتاب

قولِ فیصل

مصنف: مولانا ابوالکلام آزاد

بین الاقوامی ایڈیشن منظر عام پر آ چکا ہے